名士风流
——竹林七贤

◎ 主编 金开诚

◎ 编著 潘景岩

吉林出版集团有限责任公司

吉林文史出版社

图书在版编目（CIP）数据

名士风流——竹林七贤 / 潘景岩编著 . 一长春：
吉林出版集团有限责任公司：吉林文史出版社，2010.11（2022.1重印）
ISBN 978-7-5463-4129-3

Ⅰ . ①名… Ⅱ . ①潘… Ⅲ . ①竹林七贤 – 传记 Ⅳ .
① K825.6

中国版本图书馆 CIP 数据核字（2010）第 222286 号

名士风流——竹林七贤

MINGSHI FENGLIU ZHULI QIXIAN

主编/ 金开诚 编著/潘景岩

项目负责/崔博华 责任编辑/崔博华 钟 杉

责任校对/钟 杉 装帧设计/李岩冰 徐鸿印

出版发行/吉林文史出版社 吉林出版集团有限责任公司

地址/长春市人民大街4646号 邮编/130021

电话/0431–86037503 传真/0431–86037589

印刷/三河市金兆印刷装订有限公司

版次/2010 年 11 月第 1 版 2022 年 1 月第 5 次印刷

开本/640mm×920mm 1/16

印张/9 字数/30千

书号/ISBN 978–7–5463–4129–3

定价/34.80元

前　言

文化是一种社会现象，是人类物质文明和精神文明有机融合的产物；同时又是一种历史现象，是社会的历史沉积。当今世界，随着经济全球化进程的加快，人们也越来越重视本民族的文化。我们只有加强对本民族文化的继承和创新，才能更好地弘扬民族精神，增强民族凝聚力。历史经验告诉我们，任何一个民族要想屹立于世界民族之林，必须具有自尊、自信、自强的民族意识。文化是维系一个民族生存和发展的强大动力。一个民族的存在依赖文化，文化的解体就是一个民族的消亡。

随着我国综合国力的日益强大，广大民众对重塑民族自尊心和自豪感的愿望日益迫切。作为民族大家庭中的一员，将源远流长、博大精深的中国文化继承并传播给广大群众，特别是青年一代，是我们出版人义不容辞的责任。

本套丛书是由吉林文史出版社和吉林出版集团有限责任公司组织国内知名专家学者编写的一套旨在传播中华五千年优秀传统文化，提高全民文化修养的大型知识读本。该书在深入挖掘和整理中华优秀传统文化成果的同时，结合社会发展，注入了时代精神。书中优美生动的文字、简明通俗的语言、图文并茂的形式，把中国文化中的物态文化、制度文化、行为文化、精神文化等知识要点全面展示给读者。点点滴滴的文化知识仿佛颗颗繁星，组成了灿烂辉煌的中国文化的天穹。

希望本书能为弘扬中华五千年优秀传统文化、增强各民族团结、构建社会主义和谐社会尽一份绵薄之力，也坚信我们的中华民族一定能够早日实现伟大复兴！

目录

一、竹林七贤与竹林玄学

竹林七贤是指魏晋时期的嵇康、阮籍、山涛、向秀、刘伶、王戎及阮咸七位名士。他们常在河内郡山阳县（今河南修武附近）的竹林中聚会，因此得了这么个雅号。东晋之后，竹林七贤的影响逐渐传播开来，随着时光的推移，他们已成为中国传统文化的符号，更是魏晋时期文人精神理想的一种象征。

汉朝末年，天下大乱，曹操挟天子以

令诸侯，取得了政治上的优势，经过二十余年的征战，逐步统一了中国北方地区，为曹魏政权的建立奠定了基础。公元220年正月，曹操病逝于洛阳。同年十月，东汉献帝无可奈何地以所谓"禅让"形式交出了皇位，曹操的儿子曹丕代汉称帝，建立魏朝。然而，还不足半个世纪，尚未饱尝皇权之乐趣的曹氏家族便不得不面临一场被司马氏家族取代的悲剧。

司马氏是汉末河内望族，这个家族

的几个成员，特别是司马懿，曾经在抗击东吴、蜀汉的战役中表现突出，为曹魏政权的稳固和发展立下赫赫战功，受到曹魏统治者的重用。公元226年，曹丕病逝，临终前他将自己的儿子魏明帝曹叡托给司马懿和曹魏宗室的大将军曹真等人辅佐。公元239年，曹叡去世，年仅8岁的曹芳继任，改元"正始"。由司马懿和曹真的儿子大将军曹爽共同辅佐。随着他们威望的日增，他们的欲望和野心也日益

膨胀，为谋求更高的权位，司马懿和曹爽展开了政治上的较量。年轻的曹爽先下一城，奏请当时的皇帝曹芳降旨，封了司马懿一个有名无实的太傅，架空了他的权力。老谋深算的司马懿则将计就计用在家装病的方法来麻痹对方，暗中等待时机，准备发动致命一击。公元243年，大将军曹爽随皇帝曹芳外出扫墓，托病在家的司马懿抓住了时机，迅速组织力量屯兵司马门，控制了京都，史称"高平陵之

变"。在这场政变中,司马懿将曹爽兄弟及其僚属尽数杀戮,夷灭三族,从此控制了曹魏政权。

司马懿死后,继承他事业的长子司马师更是把朝廷变成司马氏一家的天下,不仅安插大量亲信在重要位置任职,逐渐铲除尚在内朝的曹氏残余势力,而且还废黜了不太听话的魏帝曹芳,另立高贵乡公曹髦为帝。

不久,司马师病死在许昌。他的弟弟

司马昭继之执掌朝政, 被封为晋公。此时, 司马氏集团的险恶用心已昭然若揭。公元260年, 威权日去又不胜其辱的曹髦, 竟以皇帝之尊, 亲执刀剑, 率领近侍和僮仆数百人, 鼓噪出宫, 讨伐司马昭, 结果被司马昭的死党贾充、成济等人刺杀于南阙之下。

公元262年灭蜀之后, 司马昭的功勋达到极点, 被封为晋王, 出入戴皇帝旒冕, 使用皇帝仪仗, 在封国内自行设置官员, 实际上已成了不登皇位的皇帝。

　　司马昭去世后，其长子司马炎承袭其位。他不像祖父辈那样躲躲闪闪，在元帝曹奂咸熙二年便指使王沈、贾充、何曾等人，用当年曹丕逼迫汉献帝禅位的方式，把曹奂赶出皇宫，急不可耐地登上皇位，建立了晋朝，史称西晋。

　　司马氏集团在利用手中强大的军事力量夺取政权的同时，并没有忘记给自己戴上遵守儒家伦理规范的假面具。他们捡起被人们遗弃的纲常名教，遮掩其篡位的阴谋，拉拢约束自己的党徒，诛除

异己。一时间造成了人人自危的局面。于是，远离政治斗争的核心，避免对政治问题的争论，遁形于山林，明哲保身，便成了当时士人的选择。"竹林七贤"就是其中比较有代表性的士人团体。他们常常在竹林中聚会，纵酒行乐，谈玄论道，过着潇洒倜傥的生活。

众所周知，玄学的理论基石经历了从"贵无"到"崇有"，再到"虚无"的否定之否定这一过程。这一过程，实际上就是玄学家从政治改革寻找出路，转向为士族文人自身寻找人生精神归宿的转变过程。值得注意的是，玄学"有无"之说的探索演变过程，正是士人对于"名教"和"自然"两种人生态度进行比较遴选的

过程。从根本上说，士族文人关于"名教"和"自然"的选择，正是玄学关于"有"和"无"的政治哲学在士人政治生活选择中的投影。正始十年（公元249年）高平陵事变之后，司马氏统治权威的确立形成，随着何晏、王弼、夏侯玄等第一代玄学元老的先后离世，玄学的政治主题也基本宣告结束。这个事实告诉人们，无论统治者按玄学家所设计的那样，以"平淡无味"的"中庸之德"来进行统治，还是玄学家自己以"平淡无味"的态度面对社会政治问题，都是行不通的。

对于嵇康、阮籍等竹林文人来说，讨论政治问题不但危险，而且有些奢侈。因为这时最重要的问题，已经不是宇宙的本原和理想人格的问题，而是在改朝换代的复杂时期，士族文人的生存问

题和他们的精神寄托问题。他们拿起了王弼哲学中的"崇本息末"的理论武器，用来作为自己的人生信条。他们认为这一时期最重要的"本"即是士族文人自身的精神支柱，一个只能存在于纯粹意识世界中的自我；而此时的"末"则包括所有那些现实世界的利益和枷锁，即所谓"名"。于是，王弼"崇本息末"的理论就被嵇康、阮籍等人明确而正式地改造和理解为"越名教而任自然"的口号。玄学的政治主题也就自觉地演化为人生主题

了。

标志这一玄学人生主题确立的，是文人个体精神寄托的无限自由和自我的精神人格，这种人格就是阮籍在《大人先生传》中着力描绘的大人先生形象。大人先生有着独特的时空尺度，"以万里为一步，以千岁为一朝，行不赴而居不处，求乎大道而无所寓"。这里的"大道"表层意义为大路，实则指自然之大道，本体之大道。这种"道"已泯灭了时空的界限，"无先无后，莫究其极""乃与造化同体，天地并生，逍遥浮世，与道俱成，变化散聚，不常其形"。大人先生的人格力量涵盖了整个宇宙、历史和人类，向着永恒无限性展开。大人先生式的人格和理想，是阮籍的追求。这种追求途径以纯粹自然的本真方式加入到宇宙大化之中去彻悟宇宙生命的伟大，提升人的境界，最终以诗化的形式来实现对死亡和痛苦的消解与超越。这种理想的人格精神境界永远是可望而不可即的。在《清思赋》中，阮籍将自己的理想境界虚拟为一位

美妙无比的"河女"（织女）。"河女"如初升之云霞，"采色杂而成文兮，忽离散而不留""若将言之未发兮，又气变而漂浮""自流眄而自别兮，心欲来而貌辽"，一种可望而不可即的超人形象。这就是世间凡人对这种超凡人格境界的仰视角度。

据说阮籍这一思想的形成，受到了当时著名隐士苏门山人孙登的启示。据史书记载：阮籍"嗜酒能啸"。魏晋名士经常优游于山林，尽情享受着现实生活中

无法享受的欢愉，他们用啸声表达自己的感受。因此那时啸风盛行，啸也是名士的一种风度。阮籍在当时是最善啸的名士之一，据说他的啸声能传出几百步远。

阮籍听砍柴伐木的人说，苏门山中居住着一位得道的真人——孙登。夏天他穿着草编的衣服防暑，冬天他用长长的头发盖住自己保暖。平时常弹奏只有一根弦的琴自娱自乐。几经寻访，阮籍终于在大山深处找到了孙登。见面后，两人伸开双腿在岩石上相对而坐。阮籍便滔

滔不绝地谈起古来圣贤的丰功伟绩和淳厚美德，然而孙登就像是没听见一样，理都不理；阮籍以为他对这个话题不感兴趣，又和他说起自己对儒道两家的学说见解。孙登还是不置可否；阮籍无奈，长啸一声。孙登这才开口说道："不妨再啸一声。"阮籍又啸了一声，直到兴致尽了，才退下山来。走到半山腰的时候，山上忽然发出巨响，像几支乐队在演奏，满山满谷都充斥着回响。仔细一听才知道，是苏门山人孙登从丹田之中发出的啸声，那纯净的啸声令阮籍不自觉地停下脚步，侧耳倾听。从孙登响彻山谷的啸声中，阮籍领

悟到了人生自由境界的所在。也意识到，与孙登相比自己并没有真正脱俗，于是回到家中便挥笔写下了《大人先生传》。他笔下大人先生的超脱之姿和自由之境，正是受苏门山人的啸声而激发的人生理想。

嵇康以自然超脱为生命之本，以名教入世为生命之末的思想与阮籍是一致的。在《卜疑集》中，嵇康模仿屈原《卜居》，在自问自答中，对自己的人生旨趣进行了一次认真的反思与抉择。首先，他通过虚构的宏达先生，表明了自己高洁的心性和身处浊世的彷徨心绪；继而对如何立身行事提出了一系列疑问，若将其所提的数十个疑问予以归纳，主题只有一个，即"出"与"人"的矛盾抉择，是继续坚守节操，维护人格的独立自由；还是进身竞逐，与邪恶的社会同流合污。最后，通过太史贞父之口，说出了自己的选择："文明在中，见素表璞；内不愧心，外不负俗；

交不为利，仕不谋禄；鉴乎古今，涤情荡欲。"明确了他的人生追求和行为准则。

　　所有这些表明，嵇康最终选择返归自然，并不是在任情纵欲的时代思潮中随波逐流，而是认真思考后的理性抉择。什么是自然？为什么返归自然？返归自然后要过一种怎样的生活？他都已想得很清楚了。嵇康的自然，源于庄子，而有所超越。在《释私论》中，他这样解释自然的人生理想："夫称君子者，心无措乎是非。而行不远乎道者也……夫气静神虚者，心不存乎矜尚；体亮心达者，情不系于所欲。矜尚不存乎心，故能越名教而任自然；情不系于所欲，故能审贵贱而通物情。物情顺通，故大道无违；越名任心，故是非无措也。是以言君子，则以无措为主，以通物为美。"这里作为理想人格的"君子"需具备两个要素，一是无措，即不刻意地计较是非得失，不受世俗的纷扰。二是通物，即顺通事物本来的态势。

这样的解释具有很大的包容性，据此可以作多种延伸。嵇康从"通物情"把自然引向了自我。从上下文的对应关系来看，上言"越名教而任自然"，不是听任原始野性的泛滥，而是以真统率，以不害众为原则，返回自然的本性，接受自然的法则，在触景而动、任心而行中体现善的准则。"越名教而任自然"的本质是摒弃言行当中那些虚伪的表现，返回到自然纯

净的心灵。下言"越名任心""越名教"，就是超越名教背后一切虚伪的言行。"任自然"即"任心"，自然即心，即我心之自然。

以嵇康、阮籍为代表的竹林文人不仅以其理论文字，更重要的是以其人生实践着宣传玄学的理论根基"无"这一概念，并将其从政治人格建构变为人生态度,完成了这一历史性的转变。而这种人生态度的外化表现就是他们从对名教的依恋,终于转变为彻底地放弃名教,代之以自然的人生选择。

正始名士的玄学思想和人生态度的转变,其核心在于以超然的人生态度取代热衷政治的强烈欲望,其外在表现形式则是以放诞不羁的行为作风取代蝇营狗苟的政治角逐。简言之,就是崇尚自然取代了追逐名教。

二、刚肠嫉恶的嵇康

　　嵇康是竹林七贤的代表人物。嵇康（223—262年），字叔夜。本姓奚，祖籍会稽(今浙江绍兴)，其先人因躲避仇家，迁至谯国铚县(今安徽淮北临涣镇)，改姓嵇。关于为什么改姓嵇，历史上有两种不同的说法，一种是取其祖籍所在地会稽的"稽"字上半部分，加在"山"字之上，以此为姓，用以纪念祖籍之地，表示永不忘本的意思；另外一种说法说铚县有一

座山，名叫嵇山，因为奚家迁移至此，安家在山的旁边，取山名作为自己的姓氏，所以姓嵇。

嵇康小的时候父亲就去世了，由母亲和兄长把他抚养长大。他励志勤学、广有才名，在哲学、文学、书画、音律方面很有造诣。史书记载，成年后的嵇康高大魁梧、仪表堂堂，虽然不刻意装扮自己，却能通过超脱的气度流露出自然的美感。在魏晋那样一个注重外貌风度的时代，

这样一位玉树临风、气度非凡的名士，自然备受推崇，声名远播。

嵇康20多岁的时候，娶了曹魏宗室的长乐亭公主(一说为曹操孙女，曹林之女；一说为曹操曾孙女，曹林的孙女)为妻。婚后的嵇康被朝廷封为中散大夫，故世称嵇中散。据记载，中散大夫只是个俸禄六百石、掌管议论的闲职。但嵇康是一个崇尚自由、不受束缚的人，他不愿与政治有过多的瓜葛，即使是个挂名的闲职，对他来说仍然是一种羁绊。同时，嵇康也十分清楚，在当时复杂的政治环境中，自己作为曹魏宗室的姻亲，即便政治上没有什么作为，也还是很容易受到司马

氏的猜忌。与其诚惶诚恐地在朝中做官，不如找一个山清水秀的地方居住下来，做一些自己喜欢做的事情。于是他离开了朝廷，来到河内山阳，在这里一住就是二十年。

据考证，山阳就在今天河南省修武县百家岩附近，百家岩是天门山南坡下一个约高170米、宽500米的巨大峭壁，峭壁下一低矮的小山便是嵇山。峭壁与嵇山之间有一片约宽30米、长100米的平缓地，可供百家人居住，故名百家岩。竹林之游的古迹，也集中在这一带，如刘伶醒酒台、孙登长啸台、阮氏竹林、嵇康淬剑池等。对此处的自然与人文地理,《元和郡县志》《太平寰宇记》《明统一志》《河南通志》《大清一统志》《道光修武县志》等,均作了详细记载。

另外,修武县考古部门近几年在百家岩发现了嵇康锻铁的遗址和竹林七贤饮酒用过的酒坛。专家们在百家岩发现了暴露于地表的红烧土约五平方米,红烧土的四周有许多汉代瓦当、红陶菱形纹饰缸沿和陶片,并出土酒坛三个。根据该酒坛的质地、彩绘、纹饰、造型判断,

该酒坛完全符合魏晋时期的制陶风格，由此确定为嵇康锻铁遗址和竹林七贤酒坛。

那么，嵇康为什么会选择在百家岩隐居呢？百家岩所在的云台山风景秀美，潺潺的山泉掩映于茂林修竹之间，而且云台山距都城洛阳仅有二百多里，毗邻贯通全国的古驿道，交通便利，信息畅通。为名士的游乐和学术交流提供了条件。这

里既无物质之匮乏，又无文化之寂寞，也就成了嵇康隐居的首选之地，也是他暂时获得精神超越的理想乐土。

嵇康虽然隐居在云台山的百家岩，但还是声名远播。他风流倜傥、玉树临风、博古通今、长于清谈、琴艺超群，生性好酒，不拘礼法，倾慕神仙，注重养生。他把士人心目中"高士"的优点和行迹集于一身，以崇高的人格之美感召着身边的人。阮籍、山涛、向秀、刘伶、阮咸、王戎

等人都先后来到这里与他结交，他们在竹林中纵酒长啸、畅谈玄理。以狂傲放荡的叛逆姿态，蔑视一切外在的律令成规和礼法时俗，超越一切虚伪的道德纲常，让生命回归自然，让精神享受自由，实现着庄子所阐述的"逍遥游"理想。

隐居在百家岩的嵇康除了和朋友们

一起饮酒、谈玄，还常以打铁为乐。红红的火苗，乒乓的响声，使他感受到生活的充实和丰厚。周围的乡亲看他的手艺不错，常常请他帮忙打些镰刀、锄头一类的农具，对于人家送来的报酬，嵇康从来都推辞不受。时间长了，大家觉得过意不去，便不时地送些酒肉到他家里，以示感谢。每到这时，嵇康总是显得特别高兴，

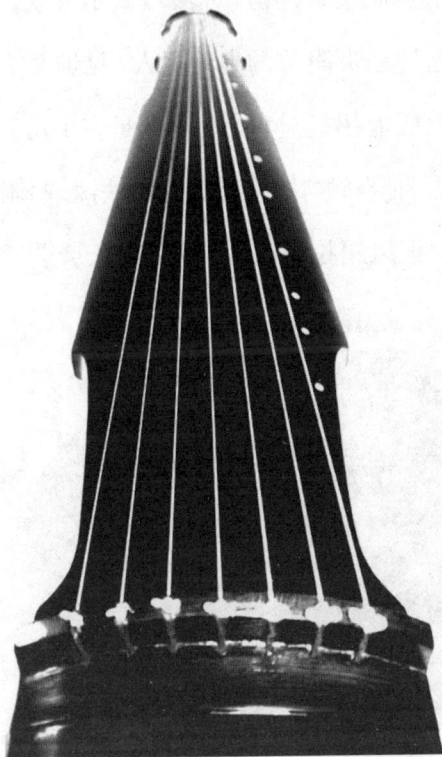

他把酒肉摆好，留下来人和他一起享用。席间说说笑笑，好不热闹。然而，对待那些不速之客，嵇康就完全是另一种态度了。

贵公子钟会是司马昭的宠臣，有才善辩，他久慕嵇康大名，想要拜会他。一日，嵇康正在向秀的辅助下打铁，钟会带着大批的官员随从，前呼后拥浩浩荡荡地来到嵇康家拜访。嵇康本就不喜欢钟会这种趋炎附势的虚伪之人，见钟会大摇大摆地招摇过世，心中更是多了几分厌恶。他自顾自地抡起沉重的铁锤，吩咐向秀把风箱拉得呼呼作响。二人旁若无

人地打起铁来。钟会在院子里站了许久，也没人招呼他，只好怏怏地打算离开。这时嵇康才爱理不理地对问道："何所闻而来？何所见而去？"钟会受了冷遇，又在众人面前失了面子。气呼呼地说："闻所闻而来！见所见而去！"说完，一甩袖子带着人走了。有了这一次的教训，钟会也明白，对于他这样的人，嵇康在骨子里是瞧不起的。他写完《四本论》，很想让嵇康看一看，于是把书揣在怀里，来到嵇康家门前。他在门外徘徊了很久，始终没有勇气进去，只得把书从墙外扔进了院子。

钟会后来在司马昭面前污蔑嵇康的言行，恐怕在此时就埋下了祸心，同时更是源于他心里那种无时不在的压迫感和恐惧感。有嵇康这颗星光耀于世间，他就永远抬不起头来。

如果说打铁让嵇康体会到生活的平实之美，那么弹琴便让他感受到艺术的高雅之韵。嵇康"琴艺超伦"，在当时负有盛名，他最喜欢弹的曲子便是《广陵散》。《广陵散》是一首古琴曲，嵇康得到这首曲子的过程还有一个有趣的故事。

传说，有一次，嵇康到洛水之西游

玩，住在华阳亭。当晚，皓月当空，四周十
分幽静。他焚香祝祷毕，便取出随身带着
的古琴弹奏起来。这时，一位穿戴古香
古色的客人走到他身旁，嵇康请客人落
了座，两人便谈论起音律来。见客人谈吐
不凡，特别是对古琴的弹奏和琴曲的创
作见解十分精辟，嵇康非常佩服。聊了一
会儿，客人便弹奏了一曲。这是一首嵇康
从未听到过的新曲。开始时，轻弹慢拨，
弦音幽静，逐渐转为沉郁、悲愤；后来弹
奏加快，力度渐强。随着手指在弦上的飞
舞，琴声陡然激越雄壮，犹如勇士横戈跃
马，又似豪侠挥矛击剑，真是妙极了。嵇

康对客人高超的琴艺佩服得五体投地，客人便对嵇康讲起了这首琴曲的故事，他说："战国时期，韩国有个叫聂政的人，他的父亲因为没有按期为韩王铸造宝剑，被韩王杀害了。聂政发誓要为父亲报仇。他离开韩国到泰山刻苦学琴，十年后，终于成为一个高明的琴师。聂政回到韩国，在离王宫不远的地方弹琴，美妙的琴声使走路的人停下脚步。聂政高超的琴艺传到韩王耳朵里，韩王马上召他进宫演奏。进宫之前，聂政在琴箱里藏了一把匕首。韩王听着聂政的演奏，完全被那不同凡响的音乐迷住了。就在这时，聂政从琴内抽出匕首，猛扑上去，一刀刺进了韩王的胸膛。接着，他又用匕首将自己的面容毁坏，免得让人认出他的样貌，连累家人。最后，聂政自刎而死。"

客人告诉嵇康，刚才他弹的曲子，名叫《广陵散》，表现的就是聂政刺韩王的故事。嵇康听了，恳切地请求客人教他。客人一段一段耐心地教给了嵇康，并再三叮嘱他千万不要再把《广陵散》传给其他人。说完，客人便飘然而去了。

嵇康得此爱曲，勤奋练习，把《广陵散》演绎得愈发尽善尽美。于是，听他弹奏《广陵散》，也就成为朋友们竹林聚会时难得的享受。

嵇康不但琴艺精湛，而且对音律也有很深的造诣，他是当时杰出的音乐理论家。他撰写的《琴赋》主要表现了他对琴和音乐的理解，同时也反映了嵇康与儒家传统思想相左的看法。他还撰写了《声无哀乐论》，着重探讨了音乐的本质、音乐与情感的关系、音乐与教化的关

系三个方面的问题，也就是音乐自身的规定性问题。他提出，声音源于自然，不会因为人们的喜怒哀乐而有所变化，声音本身是不具备情感的，更没有悲喜之分。声音的感情色彩是人赋予的，只有把声音和人的主观情感体验结合在一起，才有了哀乐。

嵇康还善于写诗，特别是四言诗，现存的诗歌有六十多首，四言诗占了一半以上。作为魏晋玄学的代表人物，嵇康不仅是诗人，还是著名的玄学家、文学家。流传下来的散文有十五篇。文章中展示了他对宇宙、社会、人生的思考。

公元255年，司马昭想把大名鼎鼎的嵇康征召到朝廷为其效命。嵇康不愿意，只好离开了竹林，躲到了河东。一走就是三年。在大山里，嵇康遇到了大隐士苏门山人孙登。他与孙登相处了三年，每次向他请教问题时，孙登都是避而不答。嵇康常常因此而惋惜。直到临别时，嵇康遗憾地对孙登说："我要走了，您真的没有什么话要对我说了吗？"这时，孙登才慢悠

悠地说："你不了解火吗？火生来就有光，可是它也要靠干柴来保持它的光焰。人生而有才，但也要识时务。才能保全自己的生命。"孙登又告诫嵇康："你很有才能，但缺少远见。当今之世，想要免除灾难、保全自身是很难的。今后你要谨慎做人，少发表议论。"事情证明，孙登这种说法是很有预见的。

公元261年，山涛由吏部选曹郎调任大将军从事中郎，他向司马昭推荐好友嵇康接替他的位置。为了表明自己绝不出仕的态度和立场，嵇康写了《与山巨源绝交书》。在信中，他陈述了自己不能从命的原因。有所谓的"必不堪者七"和"甚不

可者二"。

"必不堪者七"也就是七个绝对不能忍受的事：做官不能睡懒觉，为一不堪；喜欢弹琴唱歌、打猎钓鱼，而做了官后，身边有吏卒守候，无法随意行动，为二不堪；身上长虱子，咬得难受，要不停地搔痒。可做官要头戴官帽、身穿官服，拜见上司，需长时间正襟危坐，腿脚发麻，也不得动弹，为三不堪；一直不善于写信，也不喜欢写信。做官后人事关系复杂了，往往书信堆满几案，你不及时处理吧，别人会说你玩忽职守。要勉强去做，

又是本性难以为之的，为四不堪；平生最讨厌吊丧，世人则看得很重，做了官要违心顺俗地去做这些事，为五不堪；不喜欢俗气的人，做了官要与他们周旋，每天耳朵里装的都是闲言碎语，面对的是千奇百怪的面孔和伎俩，为六不堪；性情急躁怕麻烦，做官劳神费心的事太多，为七不堪。

"甚不可者二"就是两个绝对不可以忍受的：一是平时喜欢"非汤武而薄周孔"，做官后也不会改变这个观点，这无法被当局所容忍；二是性格刚烈，嫉恶如仇，直率易怒，这种性格是做不好官的。据嵇康自述，他的这些古怪脾气自小养成。他幼时丧父，由母亲、长兄抚养成人。母兄溺爱，不加呵责，也不逼他读儒学经书，使他从未领教过外界的压力和约束，所以他只习惯于按照自己的意志行事，不会迁就于任何人和事，包括自己的生理要求——他小便急了，从不马上去厕所，总是憋着，实在憋不住了才肯起身。一月半月不洗头脸，蓬头垢面也是常事。身上长满虱子，不到痒得受不了的程度绝不去洗澡。如果说这些古怪的习惯是小时无意养成的话，那么长大以后，饱读诗

书的嵇康更是有意放浪形骸，对自己不加约束。

嵇康在信中责怪山涛不了解朋友的个性，强人所难。嵇康在信里说的都是真心话。他确实是遇事便直言尽情，不知忌讳，这也是性格使然。"不堪者七"没什么大不了的，这只是嵇康不为官的一些借口。为官必然要多些繁文缛节，少了自由时间，这都是些小问题，不是要害问题。但那"甚不可者二"就不能等闲视之了。"一不可"："刚肠嫉恶，轻肆直言，遇事便发。"嵇康的性格就是如此，极端厌恶世间所谓"君子"的一切。他视学堂为太平间，视诵读为鬼话，视六经为垃圾，视仁义为腐臭。看一眼经书眼睛就会害

病，学一下礼仪就会驼背，穿上礼服就会筋骨扭转，谈起礼典就会牙齿烂掉。这已经很大逆不道了。再加上"二不可"："非汤武而薄周孔"，这个就更严重了。汤武是以武力平定天下的，周公是辅佐成王的，孔子是祖述尧舜的，尧舜是禅让天下的。司马氏一直在觊觎曹魏天下，打的就是迫使曹魏天子将政权禅让给自己的主意。嵇康狠狠地戳到了司马氏的痛处，司马昭是绝不会放过他的。

嵇康当然也明白这一点。他把绝交信

写那么长，就是他对山涛的坦诚倾诉。嵇康这样泾渭分明地和山涛划清界限，其真正目的并不是要从此切断他们的友谊，而是向司马氏表明自己不愿为官的立场。如果只是友情覆水难收，完全可以冷冰冰地三言两语应付了事，甚至不置一词。

嵇康之后还写过另外一封绝交书，绝交对象是吕巽，即吕安的哥哥。吕巽、吕安两兄弟原本都是嵇康的朋友，但这两兄弟突然闹了一场矛盾。原来吕巽看上了弟弟吕安的妻子，偷偷地把她灌醉并占有了她。吕安本打算将哥哥告上朝廷，但

嵇康劝阻他家丑不可外扬，让他先忍下来。谁知，吕巽为了掩饰自己的罪行，居然恶人先告状，给弟弟安了一个"不孝"的罪名，还上诉到了朝廷。嵇康当即拍案而起为吕安辩解。但在吕巽的蛊惑下，吕安已因"不孝"而获罪，嵇康唯一能做的就是痛骂吕巽一顿，并宣布与之绝交。这次的绝交信写得很短，也极其悲愤。在心中，嵇康怒斥吕巽诬陷无辜、包藏祸心，后悔自己以前无原则地劝吕安忍让，自愧对不起吕安。而对于吕巽，除了决裂，已无话可说。

　　获罪后的吕安激愤难平，他给嵇康写

了一封信，信中有"顾影
中原，愤气云踊……平
涤九区"等词句。这不能
不使人联想到扫平司马
氏政权的意味。作为收
信者，嵇康也被卷入此
案，但他仍旧义正词严
地为吕安进行辩护，着
无疑正中了司马昭的下
怀。嵇康、吕安两人都被
捕入狱。现在到了司马
昭跟嵇康算总账的时候
了——想到嵇康在《与
山巨源绝交书》中对自己的公开挑衅，司
马昭便愤恨难平。这时，曾在嵇康那里颜
面尽丧的钟会又来添油加醋，司马昭更
是勃然大怒，决定杀掉嵇康。虽然也有
很多人为嵇康求情，但最终嵇康和吕安
还是被判了死刑。当时有三千太学生向
朝廷请愿，请求赦免嵇康，并要拜嵇康为

师。然而，在权贵者眼中，嵇康的桀骜和社会影响力是比莫须有的罪名更大的威胁，他们加害嵇康的决心反而更加坚定了。

公元262年8月的一天，嵇康被带到了刑场。面对即将到来的死亡，嵇康神态从容、镇定自若。此刻，嵇康所想的，不是自己的生命即将终止，而是一首美妙绝伦的乐曲从此后继无人。他环顾日影，发现行刑尚且有些时辰，便要来了一把琴。在高高的刑台上，面对浩浩荡荡前来为他送行的队伍，嵇康最后弹奏了一次《广陵散》。铮铮的琴声，神秘的曲调，飘进了每个人的心

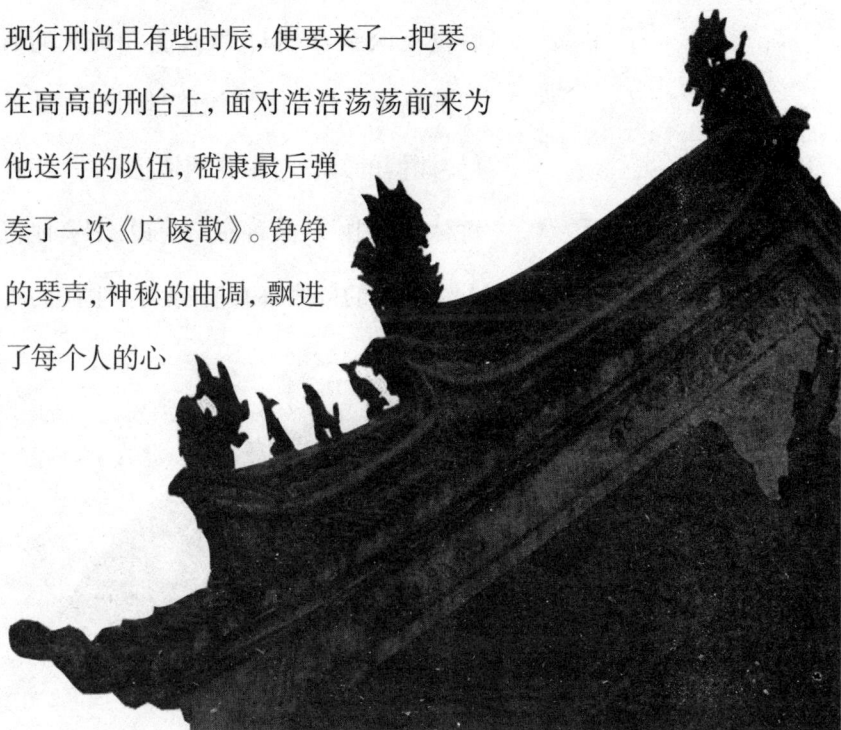

里。弹奏完毕，嵇康感叹地说："《广陵散》从今绝矣！"说完便引颈受刑，时年39岁。

嵇康以自己的人生实践了"越名教而任自然"的玄学主张，树立了一个鲜明、独立的自我形象。高洁的操守，凛然的气节，深邃的思想，不违心、不匿情的自由个性，"爽朗清举"、潇洒飘逸的风姿，使这个形象具备了理想名士的一切要素。后世在谈到竹林七贤时，首先提到的通常都嵇康，不仅因为他遗世而独立的品行、渊博的知识与率真的情感，更因为在竹林七贤中，从某种意义上说，只有他将人格精神的自然率真坚持到了生命的终点。

三、为"青白眼"的阮籍

鲁迅在《魏晋风度及文章与药及酒之关系》中说："竹林的代表是嵇康和阮籍。"阮籍(210—263年),字嗣宗。陈留尉氏(今属河南开封)人。曾经做过步兵校尉,因此被人们称为阮步兵。阮氏是个大家族,世代儒学,阮籍的父亲阮瑀是建安七子之一,是著名的诗人和散文家,善解音律,曾经做过曹操的幕僚。阮籍3岁的时候他的父亲就去世了,留下阮籍和母亲

相依为命，过得十分凄苦。曹氏父子顾念阮瑀长期为他们服务的情意，对阮籍母子颇为照顾。尤其是曹丕，他和王粲等人同题作《寡妇赋》，表达了对阮籍母子的同情。受家庭中浓厚文化氛围的影响，阮籍从小就有"济世志"，与众不同，8岁就能写文章。其叔父阮武曾任清河太守，对阮籍十分看重，认为这个孩子必然终将超过自己。阮籍青少年时就养成了磊落不群、潇洒不羁的个性，在当时赢得了很高的声誉。长大后的阮籍更是博览群书，学识渊博，而且英俊潇洒，放浪形骸，成为一时之名士。

"男女授受不亲"是名教的一大讲究。当时的礼俗中有"叔嫂不通问"的规矩，也就是小叔不能同嫂嫂说话。阮籍不但不理会这一套，还要加以抨击。有一次，阮籍的嫂嫂要回娘家住一阵子，阮籍听说之后，赶紧跑回家当面与嫂子话别。别人嘲笑他的行为不合礼法。他却满不在乎地说："礼法怎么会是为我这样的人设立的呢？"据史书记载，阮籍家旁边有一家小酒铺，酒铺的老板娘长得颇有几

分姿色。为此，阮籍和王戎经常到她的酒铺里去喝酒，醉了便倒在酒铺里呼呼大睡，老板娘也不以为意。酒铺的老板担心他们有什么不良的企图。可是，背地里观察了很久，发现他们除了喝酒之外没有任何不轨的行为，这才放下心来，不再理会他们。另据史书记载：阮籍邻居家的女儿才貌双全，还没到嫁人的年龄就死了。阮籍听说后觉得很惋惜，便要前去吊唁。他

与人家既没有亲戚关系，之前也不认识，走到灵堂中突兀地嚎啕大哭起来，一直到哭尽了胸中的哀叹之情，留下一屋子瞠目结舌的死者亲属，才扬长而去。

作为名士的阮籍，也是官场拉拢的对象。大约在正始三年（242年）前后，久慕阮籍之名的太尉蒋济，想请阮籍做他的下属，阮籍得知后，写了一篇《奏记》，声称自己浑身无力，连走路都困难。后来阮籍在亲友的劝说下勉强才前去就任，但过了不久还是辞职了。正始八年，阮籍又做了朝廷的尚书郎，没多久又推病辞了官。之后他又受到大将军曹爽的征诏，阮籍仍然采用老办法，称病不去赴任。不愿做官的阮籍，或闭门读书累月不出，或游弋于丘陵之间流连忘返。与嵇康结识的阮籍大有相见恨晚之感，便欣然开始了竹林之游。

"高平陵事变"之后，曹魏政权的权柄彻底落入了司马氏手中，老谋深算的司

马懿明白，他的统治毕竟需要士人的支持，因此他对士人采取了威胁、拉拢、引诱的策略。那些与曹爽没有太多关联的士人，特别是享有盛誉的名士都成为司马懿积极笼络的人物。阮籍拒绝过曹爽的征召，又是名人之后，在司马懿看来，在政治上他没有倒向曹氏集团，又符合名士的条件，自然成为被拉拢的对象。面对生存或是死亡的选择，无奈之下，阮籍极不情愿地走出竹林，到朝中做官。可以说，他为了保全性命，一直没能离开官场，只能勉强自己过着"朝隐"的生活。所谓"朝隐"，就是只做官但不问事情。把朝廷、官场当做是自己隐居的地方。对此，阮籍的心中异常苦闷。史书记载，阮籍经常独自驾着车，载着酒，漫无目的地四处游荡，一直走到路的尽头，便走下车来嚎啕大哭，哭过之后重新上车，原路

返回。

为了能够在官场中保全自己，阮籍常把醉酒作为躲避政治风险的手段。他听说步兵营里有人善于酿酒，储存的好酒有三百斛之多，便主动向司马昭请求步兵校尉一职，步兵校尉其实并不掌管兵权，只是个有名无实的职位。阮籍在那里终日饮酒，仍然觉得不过瘾，便把竹林中的好友刘伶也请去，两人一起酣饮。司马昭的宠臣钟会多次到阮籍家拜访，询问他对时事的看法，想借此网罗罪名。然而阮籍或发言玄远，或大醉不醒，终于躲过了劫难。阮籍有一女，容貌秀丽，司马昭想将其纳为儿媳，几次派遣使者登门求婚。阮籍对此进退维谷，左右为难。若答应，有损自己的声誉，还落个攀附权贵的坏名声；若不答应，得罪了司马昭，会有性命之忧。于是他天天沉醉于酒中，提亲的人来到家中，只见他烂醉如泥，不省人事，只得一走了之。这样一连六十多天，他都宿醉未醒。司马昭也无可奈何，联姻之事只得作罢。

"高平陵事变"后，掌握实权的司马氏重新打起了儒家"名教"的旗号，主张以"孝"治理天下。所谓"百善孝为先"，司马氏提倡以孝治天下，就是想让人们对他这个新的当权者尽"孝"，取代对曹家天子的"忠"。在中国，孝的名目很多，其中之一就是父母去世后儿子必须服丧三年、素食三年、守墓三年、寡欢三年。阮籍年幼丧父，是母亲一手将他抚养成人的，在那相依为命的日子里，母子感情之笃厚深重，可想而知。

公元256年，阮籍的母亲去世了。得知母亲去世的消息时，阮籍正在和别人下围棋，跟他下棋的人闻听这个噩耗，当即中断棋局，让嵇康赶紧回家为母亲料

理身后事。阮籍却不同意，一定要决出胜负。下完棋后，阮籍喝了两斗酒，来到母亲身旁放声大哭，口吐鲜血，悲痛欲绝。根据《晋书》中的记载，母亲下葬的那一天，阮籍蒸了一头小猪，饮酒二斗，然后向母亲的遗体做最后的诀别，他大叫一声"完了！"又吐血数升，面容憔悴，几欲昏厥。出殡之前，一个叫裴楷的官员前往吊唁，遵照礼法，阮籍应该陪他一起哭泣。可是阮籍披散着头发，坐在那儿，一声不

吭。裴楷便按照礼仪的规定独自哭悼阮籍的母亲。事后，有人问裴楷："凡去吊唁的人，主人哭，客人才能尽礼，阮籍都不哭，你还哭什么呢?"裴楷回答说："阮籍是方外之人，已经超越了礼法的限制，他可以不哭。我还在礼法当中，当然要遵从礼法哭悼阮母了。"裴楷所说的"方"就是社会的道德规范。魏晋时期，许多礼教的条条框框束缚着人们的思想和言行。而方外之士，则可以超越尘俗，不受礼教的约束。

阮籍还有翻转青白眼的能力。所谓青白眼，就是看人的时候，根据自己的好恶来决定露出黑眼珠还是白眼珠。阮籍的母亲死后，嵇康的哥哥嵇喜前来吊唁。嵇喜在朝中做官，在阮籍眼里他是礼法之士，是不受欢迎的，就给了他一个白眼，弄得嵇喜很没面子，匆匆吊唁完毕，就尴尬地退了出去。嵇康听说后，知道他不喜欢嵇喜，也不喜欢嵇喜那种凡俗的吊唁方式，于是带着酒挟着琴前来吊唁。阮籍很是动情，赶忙露出黑眼珠，走上前去，热情地接待他。

阮籍在居丧期间不合礼教的行为，自然受到一些礼法之士的诟病。阮籍的母亲死后不久，他应邀参加司马昭的一

个宴会。席间，司隶校尉何曾公开斥责阮籍纵情悖理，是败俗之人。阮籍神态自若，一生不吭，照样喝酒吃肉。何曾见阮籍根本不理他，只好把头转向司马昭说："您以孝治理天下，阮籍作为您的臣子却在重孝期间喝酒吃肉，这样的行为是不合礼法的，应该把他放逐到荒远的海外，以正风化。"谁知司马昭却斥责何曾道："阮籍已经被折磨得如此憔悴不堪，你为什么不能和我一起为他担心呢？况

且他身体有病，在居丧期间喝酒吃肉也是被礼教所允许的。"司马昭的一席话说得何曾哑口无言。当然，司马昭之所以如此维护阮籍，是有他的想法的。一方面，阮籍的行为虽然放诞不羁，有违司马氏所提倡的礼教和孝道，但那只是生活方式上的小问题，阮籍对政治上的是非无所议论，对当时的人物无所品评，不能对司马氏的统治造成实质性的损害；另一方面司马昭确实是爱惜阮籍有才，想借此让阮籍对他怀有感激之心，从而心甘情愿地为司马氏效力。同时，也想在天下世人面前显示他是多么的爱惜人才。

公元262年，曹髦死后，继任的小皇

帝曹奂被迫要为司马昭加九锡。所谓九锡，就是古代帝王赐给有大功或有权势的诸侯大臣的九种物品。后世权臣篡位之前，一般都先加九锡。因此，加九锡也可以说是皇帝移位的预演。司马昭装腔作势地再三谦让，而那些公卿大臣们见溜须拍马、大献殷勤的机会到了，便苦劝司马昭接受九锡，他们考虑到阮籍名声高、影响大，便公推阮籍撰写劝进文章。从内心来讲，阮籍讨厌写这种为统治者歌功颂德的文章，但迫于司马昭的淫威，阮籍不能正面拒绝这件事。于是他故伎重演，终日酗酒。朝廷的使者追到他朋友袁孝

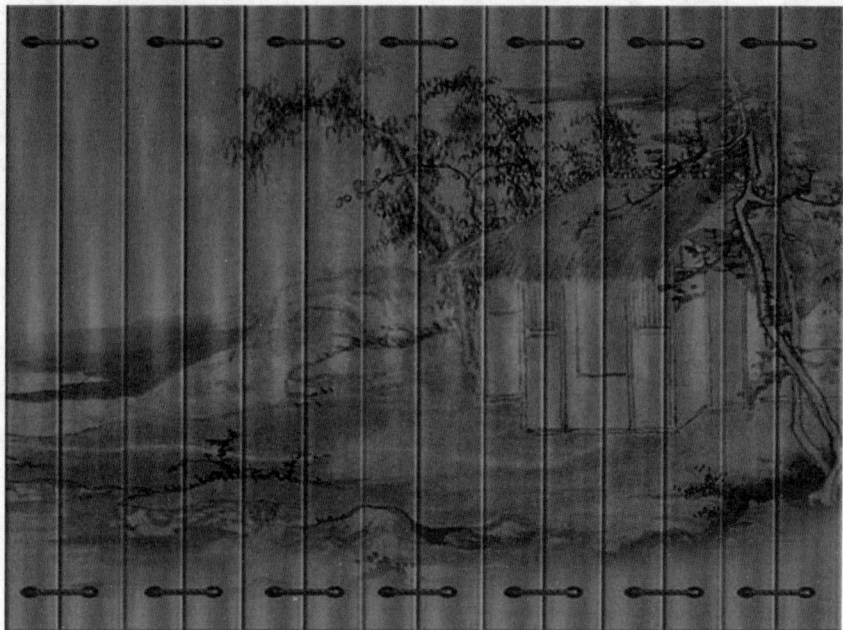

尼家来要稿子时，阮籍仍宿醉未醒。被叫醒后，使者告诉阮籍，这一次你无论如何也躲不过去了。无奈之下，阮籍只好揉揉惺忪的睡眼，向袁孝尼借来纸笔，伏案疾书。不一会儿，一篇辞藻清丽的文章便完成了，通篇没有一处需要修改的地方，被时人称为"神笔"。

阮籍不只文章写得好，还是魏晋时期著名的诗人和玄学家。流传至今的《咏怀诗》有八十二首。就内容而言，"忧生

之嗟"和"志在刺讥"在咏怀诗中占有很
大的分量。除了这两大内容外，还有自述
身世志向、念友、隐逸、游仙等方面的描
写。咏怀诗在艺术方面有两个极为显著
的特色，即蕴藉含蓄和自然飘逸。蕴藉
含蓄与文多隐蔽有直接关系。当时，由
于曹魏政权和司马氏的斗争极为激烈，
士人即便对社会现实有所不满，也不敢
在作品中有明确的表露。因此阮籍创作

的《咏怀诗》八十余首，运用比兴、象征、寄托，藉古讽今，寄寓情怀等多种写作技巧，形成了一种"悲愤哀怨，隐晦曲折"的诗风。这种含蓄，同他在生活中"发言玄远""口不臧否人物"的作风是完全一致的。因此，咏怀诗的含蓄，是时代现实的产物，也是阮籍本人的思想作风、处事态度的反映。从艺术创作的角度来看，含蓄不失为一种风格，他的好处是能够避免呆板直露，增加诗的深厚度，给读者以联想和回味的余地。在诗歌史上，他的咏怀诗占有很重要的地位。

阮籍违心地写完《劝进表》之后，一
直生活在痛苦忧郁和失望自责中。一个
多月以后，在一个寒冷的夜晚，54
岁的阮籍离开了人世。临终之
前，阮籍又想起自己与朋友
们聚会的那片竹林，想起自
己做的那首《咏怀诗》："一
日复一夕，一夕复一朝。颜色改
平常，精神自损消。胸中怀汤火，
变化故相招。万事无穷极，知谋苦
不饶。但恐须臾间，魂气随风飘。终身
履薄冰，谁知我心焦。"

四、位列三公的山涛和王戎

玄学人格关怀的基点是主张个性自由，把人从名教的桎梏中解放出来，返璞归真，按照自己的爱好选择生活方式、展示个性。这种价值取向，无疑反衬出了名教道德生活的虚伪与乏味。竹林七贤之间趣味相投，但不是一般的"同"，而是在"和"这一前提下的"不同"。这种"不同"，是竹林七贤对"自然"的不同认知，是其每个人个性的充分体现。个性的展

露其实就是竹林七贤对个体人格独立的一种追求，是其魏晋风度的具体体现。

著名的"竹林之游"，既是七贤共奉玄学思想的宣示，也是主张自由人格的结盟。在此大前提下，他们每个人又表现出不同的个性。

山涛（205—283年），是竹林七贤中年龄最大的一位，字巨源。河内怀县(今河南省武陟)人。史书记载，他年少的时候就很有气量，为人宽宏，性好老庄。

同阮籍一样，山涛在竹林之游以前也曾涉足官场，做过河南从事。一天，山涛偶然听到司马懿托病不上朝的消息，

政治嗅觉灵敏的他马上意识到，一场政治事变即将到来。不久，山涛和他的同事石鉴外出办事，在驿站中的夜晚，山涛辗转难眠，他推醒熟睡的石鉴，对他说："现在都什么时候了你还睡得着，你知道太傅托病不上朝意味着什么吗？"石鉴揉了揉眼睛不以为然地说："太傅不上朝，就让皇帝下一道诏令让他退休回家不就行了，你跟着急个什么劲儿啊！"山涛生气地对石鉴大声叫喊道："石兄啊，石兄，你处在飞奔的马群铁蹄之中，还自认为平安无事呢！"说完山涛不顾自己尚在任上，连夜逃回了老家。

能够结识嵇康、阮籍，山涛感到非常荣幸。《竹林七贤传》记载："山涛与阮籍、嵇康皆一面，而契若金兰。"山涛回家后曾经对妻子韩氏感叹道："此生只有他二人可以做朋友！"嵇康、阮籍在当时早已闻名遐迩，妇孺皆知。加上山涛的评价，韩氏便产生了好奇心，很想见他们一

面，想亲眼目睹他们的风采。于是山涛找了个机会，准备好酒菜，把嵇康和阮籍邀请到家中喝酒聊天，还把他们留宿在家里。山涛的妻子在墙上凿了个洞偷看，看得入了神，直到天亮都忘了离开。《世说新语·贤媛》中记载：事后山涛的妻子对他说："你的才智和他们相比，是远远不如的，你只能以度量和他们交朋友。"山涛也自认为是这样。他回答妻子说："他们也认为我是以度量见长。"

虽然山涛是因为崇尚老庄居于竹林七贤之列，可是他本质上却不是一个浪漫的文学家或忘情的政治家，而是一个

拘泥世俗礼法的谦谦君子。山涛的性格决定了他不可能成为一个真正能忘情逍遥的人，他还身在红尘之中，有想立身扬名的野心，只不过因在政治上的远识，使他在政治斗争最厉害的时候避世远遁。一旦有飞黄腾达的机会，他还是会出仕的。

《晋书》本传记载，在山涛还没有做官的时候，家境很贫寒。每当妻子埋怨他无能时，山涛便说："你暂且忍耐这一时

的贫苦，日后我必定贵为三公，不知你是否有能力做得高官夫人？"可见他对入世为官是早有打算的。然而，当司马氏集团和曹魏集团争夺政权，谁胜谁负尚不明朗之际，他却逃离官场，走进了竹林。显然，竹林只是山涛暂时的精神栖居地。他虽身在竹林中与朋友们谈玄饮酒，眼睛和耳朵却密切注意着来自京城洛阳的消息。

与竹林中的其他人不同，山涛与司马氏有着亲戚关系，司马懿的妻子张春

华，是山涛的堂姑奶奶。所以司马师和司马昭都是山涛的表兄弟。传说，在山涛十七八岁的时候，族里人就在司马懿面前称赞过他。司马懿当时根本未加理会，并不以为然地说："山是个小姓，能有什么杰出人才？"高平陵事变后，局势日趋明朗，40岁的山涛主动走出竹林来到洛阳找司马氏求官。司马师热情接待了自己的这位表亲，并用玩笑的口吻说："吕望欲仕乎？"司马师所说的吕望就是商朝末年的姜太公，相传他垂钓于渭水之滨，80岁以后才遇到周文王，从而步入仕途，终于找到了一展雄才大略的机会。走进官场的山涛谨慎勤勉，深得司马氏信任。

公元264年，司马昭亲率大军，西征平息叛乱。当时，曹操的后人魏氏诸王都居住在邺城。司马昭担心他们会趁机闹事，就让山涛担任邺城的行军司马，并派出五百名士兵镇守。出征之前司马昭嘱咐山涛："西边的叛乱我会平息，邺城的事

就全靠你了。"待到司马昭西征归来，邺城果然平安无事。从此，司马昭对山涛更加信任倚重。山涛还担任过一个重要的官职是尚书吏部郎，职责是为朝廷选拔官吏。他在这个位置上一干就是十来年，每当遇到官缺，山涛总是提出好几个人选呈送上去，同时附上对所推荐人的品评。当时的人把这称为《山公启事》。山涛身居要职，有不少人想通过贿赂来与他建立关系，达到当官或升迁的目的。但山涛为官清廉、洁身自好，对于别人送来的东西他一律坚辞不受。不过，山涛也理解求官者的苦衷。因此，他对送礼的人不是怒

目斥责，而是婉言拒绝。

景元二年（261年），山涛由吏部选曹郎调任大将军从事中郎，他打算举荐嵇康来代替自己。嵇康得知此事后，写了《与山巨源绝交书》表示拒绝。虽然嵇康只是想以此向统治者表明自己绝不出仕的决心，并非真正切断与山涛的友谊，但这对山涛来说，这仍然是一件很没面子的事。然而，山涛不以为意，对于朋友，他向来宽怀大度。后来嵇康在刑场将自己的儿女托付给了山涛，并对儿子嵇绍说："巨源在，汝不孤矣！"嵇康死后，山涛悉心照料并抚养着他的儿女。在嵇康被杀的二十年后，山涛荐举嵇康的儿子嵇绍为秘书丞，终于演绎出一段"君子和而不同"的佳话。

山涛虽然曾在百家岩的竹林中和朋友们谈玄论道，但和嵇康、阮籍不

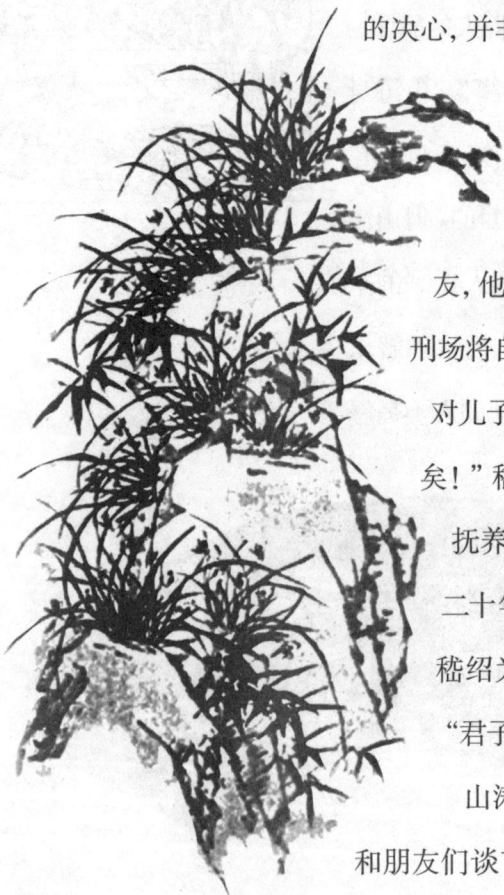

同，他仍是礼法之士。孝，在他身上表现得尤为突出。据说，得到母亲生病的消息时，山涛立即告假回家。看见面容憔悴，消瘦卧床的母亲，山涛失声痛哭，责怪自己没有尽到儿子的责任。山涛整天守护在母亲身边，端水喂药，给母亲做的饭他都要先尝尝，看看香不香。母亲去世后，山涛虽然已经年逾六十，但仍居丧过礼，负土成坟，手植松柏。山涛还准备在母亲

坟旁结庐守孝，借此机会告老还乡，没想到竟被朝廷驳回了。

公元265年8月，司马昭病死。四个月后，司马昭的儿子司马炎逼迫曹奂退位，自己在洛阳南郊受禅称帝，史称西晋。随着司马炎的登基，山涛的官也越做越大。后来，他终于当上了司徒，成了早年梦寐以求的三公。公元283年秋天，79岁的山涛得了一场大病，不久就去世了。

据说山涛的文章写得非常好，曾经著有《山涛集》十卷，可惜没有流传下

来，如今，人们能看到的只是他的书法作品。

与山涛刚好相反，王戎(234—305年)字濬冲，是竹林七贤中最小的一位。王氏一族在林沂是有名望的大族，他的亲族辈中，便出了王衍、王澄、王导、王敦等人物，掌握着西东两晋政府的政坛，有"八王"之称。王戎的祖父担任过幽州刺使。王戎的父亲在曹魏时期担任过尚书郎、幽州刺史，后来被封为贞陵亭侯。

史书记载，王戎从小就很聪慧，据说他7岁时与小孩们一起游玩，路边李子树上果实累累，孩子们都争先恐后地去摘，只有他全不动心，有人问他为什么不去摘，他对人说："树在路边，上面还能保留这么多果子，这必定是味苦的李子。"等其他孩子摘下来一品尝，果然是苦李子。从此以后王戎便被称为"神童"。《晋书》本传还记载了王戎另外一个故事。魏明帝曹叡在位时，曾经弄来一只大老虎，关在京都洛阳宣武场的栅栏里，他发出告示说要请勇士拔去老虎的爪牙，允许全城的百姓前去观看，王戎也在看热闹的人

群中。当勇士断掉老虎的爪牙后，老虎疼得发狂，不断地冲击着栅栏，并发出可怕的吼声。好像要从栅栏里冲出来似的。围观的人们都被惊呆了，有的四散奔逃，有的吓得瘫坐在地，场面一片混乱。只有王戎一点都不害怕，还看得津津有味。坐在城门楼上的魏明帝曹叡见此情景很是惊奇，派人去打听他的姓名。从此以后，王戎的大胆镇定便广为人知。

王戎能够加入竹林之游的行列得益于阮籍。他与阮籍相识时只有15岁。当时王戎的父亲王浑官任尚书郎，与阮籍是

同事，常有往来。阮籍早就听说王浑有个儿子很是出众。一次阮籍去拜访王浑，看到王浑正与王戎弈棋。阮籍没有上前打扰，而是在一旁静静观看。当时王浑布错了一个棋子，想要悔棋。王戎并没有阻止，而是断言他举棋不定，必定是心中有事。正巧王浑那几天有事不决，要与阮籍商量。见到王戎一语点破王浑的心理，阮籍暗暗称奇。从此以后，阮籍每一次来拜访王浑，谈不到几句话，就转到王戎的房间，这对忘年之交，一谈就是大半天。阮籍这样对王浑说："濬冲清俊绝伦，不是你比得上的。与阿戎说话，比与你说话来的有趣多了。"阮籍比王戎大二十多岁，王戎能与他相谈甚欢，说明他有着很深的才学和高超的言谈本领。但是，加入竹林之游不久，阮籍就发现王戎有世俗之气，便找机会对他进行挖苦调侃。有一次，七贤中的几人在竹林中饮酒谈天，等了很久才见到王戎的身影。望着姗姗

来迟的王戎，阮籍调侃地说："俗物又来败人的兴！"王戎也不示弱，笑嘻嘻地说："谁又能扫了像你们这样人的兴呢！"

公元257年，24岁的王戎被司马昭征为相国掾，此后，王戎又担任了散骑常侍、荆州刺史、豫州刺史、吏部尚书、太子太傅，最后官至司徒，位及三公之列。置身险恶的宦海，王戎如履薄冰。为了保全自己，减少政治冲突带来的危害，他不大过问政事。王戎的这种为官态度，是他处在危难之世，旨在避祸的一种策略。据史书记载，王戎把日常事务都放权给下

属，他自己却身着便装，骑着小马，到处游山玩水。见到他的人，都不知道他是一位权贵。王戎奉行的是儒道合一的原则，他的人格也呈现出亦儒亦道混迹于世的圆滑特点。

另有传说王戎悭吝贪财。他的一位从侄结婚的时候，他"大方"地送了一件单衣，婚礼完毕之后又觉得心疼，火烧火燎地跑去要了回来。甚至对儿女他也并不大方。传说他女儿成家后，有次问他借

了几万钱。几万钱虽不算少，但对于王戎来说，也不过九牛一毛。后来女儿回家探望父亲，没有提到还钱的事情，王戎的脸色就很难看。女儿赶紧掏出钱来还给父亲，王戎马上"然后乃欢"。

王戎也碰到过危险。西晋晚期，几个王爷带着兵互相征伐，打得不亦乐乎。齐王一度控制洛阳，另一个王爷河间王要组织联军讨伐齐王。齐王召集会议，讨论对敌策略。王戎当时担任尚书令的官员，

级别很高。他在会上侃侃而谈，建议齐王安享天年，急流勇退，放弃权力。齐王的谋士勃然大怒，要把王戎处死示众。王戎当即要求退场去出恭。没过多久，就听外面传来呼救的喊声："了不得了了不得了，王大人掉茅坑里头了！"这位浑身恶臭的王大人就这样被平安送回了府第。王大人自称是因为"药发"才会失足跌入茅坑，但真相如何，我们不得而知。然而一通混乱下来，王戎逃得一命，倒是千真万确的。

又据史书记载，王戎在担任豫州刺史的时候，他的母亲病故了。在居丧问题上，他的表现与阮籍惊人的相似。他因悲痛至极而大量吐血，容貌毁损。以至于身体虚弱得需要扶着拐杖才能站立。但是，同阮籍一样，王戎在居丧期间，不拘礼制，依然喝酒吃肉。他还走出灵堂观看别人下棋。可见，在他们心中，更注重的是内心的真实感受。他们显然认为，只要内

心充满敬意，就不需要外在形式上的谦
逊和客套；如果内心充满哀思，为什么还
要遵照礼教的条条框框呢？在他们崇尚
自然、不拘礼节的背后隐含的是合乎礼制
的人性精神。

公元305年，王戎病逝，享年72岁。
《晋书·本传》记载，王戎生前到过竹林
聚会的地方重游。并对陪同他的人发出

这样的感叹："我过去曾与嵇康、阮籍在此畅饮，共为竹林之游，自从他们两个去世后，我便被事务羁绊了。今日故地就在眼前，当年的事情却邈若山河了。"

五、各具风度的
刘伶、阮咸、向秀

现实中的痛苦无法抒解，只能借助酒来麻醉自己。史书记载，中国的饮酒之风，兴盛于东汉末年，正始年间玄学产生后，酒普遍地开始进入士人的生活。竹林七贤和酒密切相关。他们聚会在竹林，肆意酣饮。其中最以饮酒闻名的当数刘伶。

刘伶，西晋沛国人（今安徽宿州），字伯伦，爱好老庄之学。刘伶身材矮小，

容貌丑陋，在当时那个注重仪容风度的时代，这样的人纵使再有才华也不会被统治者所重视。刘伶为人通达诙谐、胸襟开阔、行为放达，特别是嗜酒如命。至今民间还流传着许多关于他饮酒的逸闻趣事。有一次，刘伶犯了酒瘾，向他的妻子要酒喝。妻子非常生气，将酒泼掉，毁了酒器，哭着劝说刘伶："您喝得太多了，这样有害健康，必须下决心戒掉。"刘伶说："你说得很对，可是我怕自己没有毅力戒掉，需要向鬼神祷祝，借助他们的能力帮我戒掉酒瘾。你快去准备好酒肉作贡品。"妻子点头称是，马上准备了酒肉供奉在神龛前，请刘伶祝誓。刘伶跪在地

上念念有词道："上天生我刘伶，就是让我以酒闻名的，女人说的话，是不可以听信的。"说完便喝酒吃肉，不一会儿就醉了。伴随着狂饮而来的，自然是行为上的放荡。他好坦露身体，时常在家里脱光了衣服饮酒，客人进屋见到他这副尊容，都讥笑他伤风败俗。刘伶却不以为然："在我眼中，天地是我的房屋，室内才是我的衣裤，你们为什么要钻进我的裤裆里来

呢？"表面上看，刘伶是在放浪形骸，然而其中展示的意境却是玄学强调的回归自然。在自然状况中，或许没有完人，因为人皆有缺点，而有缺点不加掩饰即具光明之心，所谓"直行"之人。人在自然状况中已然超越了世俗羞耻，只留下精神意念间的自由快乐。这醉酒优游之态，是借行状而超越世俗，体现玄学"有"与"无"之间的那种似有似无，看破一切又包容一切的意境。

刘伶平时沉默寡言，从不轻易与人结交，对人情世故也不关心。他常常乘着鹿车，携着酒壶，让仆人扛着锄头跟在后

面，并嘱咐仆人说："如果我醉死了，便就地埋了我。"在与嵇康、阮籍结识后，刘伶有感于他们的才情，于是与他们"欣然神解，携手入林"。

《晋书·本传》记载，刘伶有《酒德颂》一篇。《酒德颂》中也有一位大人先生，他和阮籍笔下的大人先生有同样的情怀和表现。他将宇宙看做是自己的家，认为一万年不过是转瞬之间而已，他可以随着自己的意愿到任何他想去的地方，行也好止也好，只有酒是他的乐趣，其他的乐趣他瞧都不瞧。贵公子、缙绅处士们，听到民间对他的评价，没有一个人不怒目相向的，都拿礼法来非难他。但先生手中却不停地拿起酒杯，拂去落在髯上的浊酒，陶然醉倒。醉倒之后，他飘飘然不觉寒暑，也没有利欲之情，这个世上的杂然万物，在他眼中便成了漂流在大河上的浮萍。大人先生的这种精神状态，正是老庄超尘脱俗的精神境界。也是魏晋名士

寄托精神的境界。经学者研究，在文学史上，刘伶是把酒后的玄妙境界，写入散文的第一人。

竹林七贤中另一位以饮酒著称的人物是阮咸。他曾经与族人群聚饮宴，不用普通的酒杯饮酒，而是把酒盛在大瓮里。几个人围坐在瓮前，相向而酌。此时，有一群猪也走过来寻酒喝，阮咸便跟在猪群的后面共饮。

阮咸，字仲容，是阮籍兄长武都太守阮熙的儿子。与阮籍并称为"大小阮"。阮咸和阮籍一样，生平鄙视礼法。一方面固然是由于他们崇尚老庄之说，鄙视种种所谓的繁文缛节；另一方面，也是对当代权贵们的一种实际抗议。

《晋书·本传》记载，在当时的尉氏县，阮氏家族全都居住在官道的南北两侧，时间一长形成了北阮富南阮贫的局面。阮咸一支一直居住在官道的南侧，家中虽然不乏官宦之人，但大多为官清廉，在家族内比较贫穷。在当时的中原地区，有"七月七，晒陈衣"的习俗，会在七月七当日曝晒经书及衣裳。据说晒过的衣服和经书可以防虫蛀。有一年的七月初七，居住在官道北边富裕的阮氏人家，将用绫罗绸缎做的衣物拿出来在阳光下曝晒，鲜艳夺目光彩无比。而住在南侧的阮咸也在自家的院子里竖起了几根竹竿，找出当时被叫做犊鼻裈的粗布短裤挂在了上面。阮咸的这一举动自然招来了族人的谴责。他们认为这是给族人出

丑。但阮咸振振有词地说："既然大家都在七月七这天晒陈衣，我也不能免俗，就把这些衣服拿出来晒了晒。这又碍着谁了呢？"

阮咸曾不顾等级、尊卑、名分，与姑母的鲜卑族婢女相爱私通。姑母要回到夫家去。起初答应要留下这个婢女，可是临到出门时又改变主意，将婢女带走。阮咸当时正在为母亲守灵，消息传到耳中，他不顾家中还有众多客人，二话没说，立即拉来客人的驴，来不及脱下孝衣就匆

匆匆忙忙地跑出去追赶。过了好久，只见他和那个鲜卑婢女共同骑在驴上晃晃荡荡地回来了，嘴里还笑嘻嘻地说着："人种不可失。"这个婢女后来为他生下了一个儿子，即东晋大名士阮遥集。

竹林七贤中，除了嵇康、阮籍对音乐有深厚的素养外，阮咸也是杰出的音乐天才。颜延之说他："达音何用深，识为在金奏。"即是赞扬他在音乐上的造诣很高。他曾经指出当时最高的音乐官荀勖所调的乐器与音律不符，高出半音。引得

荀勖对他是既佩服又嫉妒。阮咸不但妙解音律，还善弹琵琶。阮咸根据从龟兹传入的曲颈琵琶，发明了直颈琵琶。后世亦称为直颈琵琶为阮咸，简称阮。一千多年后，阮咸的发明还在给人们带来美的享受。

向秀，字子期，河内怀县人。他虽为竹林七贤之一，但与其他六贤在气质上有很大的不同。他缺乏嵇康那种反抗的勇气，也不具备阮籍那种冷眼看世间一切的嘲讽性格，更不像刘伶那样沉溺于饮酒，就连山涛那种既然涉足官场就力图做个好官，使朝野为之倾倒的魄力也没有。

向秀为我们展现的是一个投心书海、与世无争的文弱书生形象。《晋书·本传》云："（秀）清悟有远识。"他从孩童时起，就被同郡出身的七贤之一的山涛所赏识，但由于山涛与他的年龄有相当的距离，所以彼此没有深厚的交情，反而与嵇康、吕安较为亲近。虽然向秀有着和嵇康不同的玄学主张，但嵇康的人格魅

力和玄学修养，彻底征服了向秀。面对比
自己大不了多少的嵇康，向秀心甘情愿地
把自己放在了从属的位置上。《晋书·向
秀传》云："康善锻，秀为之佐，相对欣
然，旁若无人。"嵇康有锻铁的爱好，这
是人所共知的，但向秀似乎并非真的爱
好锻铁，他之所以在一旁帮嵇康做一些
拉风箱、递工具乃至抡大锤的工作，纯粹

是为了和嵇康相处。从"相对欣然，旁若无人"的描述，可以看出他不仅不觉得勉强，而且内心还非常愉悦。这应该算一种心灵上的默契吧！

向秀"不虑家之有无，外物不足以怫其心"。他以自己的渊博学问、"无为而无不为"的精神来指引自己的为人处事，这正是"竹林之性"在他身上的体现。他淡定、超然的境界，使他无愧于七贤之列。

向秀爱读书、擅诗赋。在七贤中可以算是一个多产的理论家，他曾经注过《庄子》。《晋书·向秀传》记载："庄周

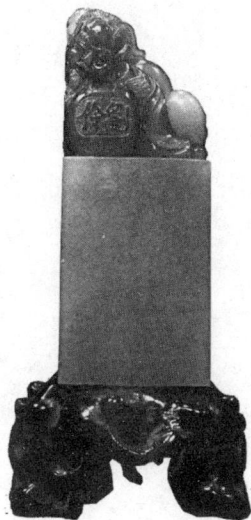

内外数十篇，历世才士虽有观者，莫适论其统也。秀乃为之隐解，发明奇趣，振起玄风，读之者超然心悟，莫不自足一时也。"向秀所注《庄子》的佳处其实不外"创新"二字，从中可以体会到不同于旧注的庄周"旨要"，他主张"名教"与"自然"统一，合儒道为一。认为万物自生自灭，各任其性，即是"逍遥"，但"君臣上下" 亦皆出于"天理自然"，故不能因要求"逍遥"而违反"名教"。

向秀所在时代，学术界正处于儒学

逐渐被道学代替的演变中，向秀虽十分
精通道家学说，但他并不固执一端，而是
儒道并举，在研究中采取比较客观的态
度。特别是他对人的重视不仅仅停留在
人是宇宙万物之灵、天人合一的朴素看
法上，而是阐明人的重要性。这一点成为
他热爱人生、追求人与自然、与天地万物
和谐的审美理想的理论基础。

他还与嵇康就养生问题展开过讨
论。对嵇康提出的五谷于养生有妨碍的
论点进行反驳。他没有否认养生，而是

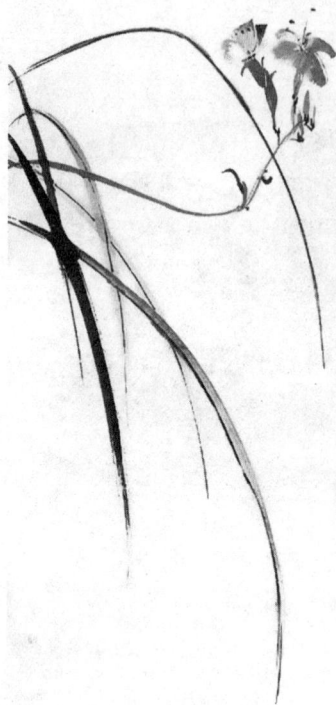

从人不同于动植物的特殊性出发，说明人首先只有靠五谷维持生命才谈得上养生。向秀认为人是"有生之最灵者"，因为人是有意识的，所以"人不同于草木不能避风雨"，但人必须充分发挥自己的聪明才智才能变被动为主动，生存下去。从这个问题出发，向秀进一步引申到自先秦一直延续下来的一些有争议的问题，如对于五色、五味的态度问题。向秀肯定"口思五味，目思五色"是"自然之理""天地之情"，主张"开之自然，不得相外也"，又认为必须"节之以礼""求之以事，不苟非义"，由此推及人的社会

心理和欲求，如名利富贵等，从而强调合"自然"与"名教"为一。他还从事实出发说明了不可能有靠养生而至于数百岁的人，还指出嵇康提倡的那种"抑情忍欲，割弃荣辱"的养生办法，使人割舍人伦之乐，对于养生反而是有害的。

养生是一个复杂的问题，向秀、嵇康在这个问题上虽有争论，但都有一定的合理之处。他们都强调人的重要性，特别是个人的重要性。这些观点是庄子那种"独与宇宙天地精神往来"的精神在经过汉代"独尊儒术"的僵化统治后的重新复兴，这在当时具有十分重要的意义。

　　嵇康被杀后，向秀在家中闭门沉思。不久，他来到洛阳，叩响了大将军府的大门。据说，当时司马昭正在府中与臣僚议事。见到向秀，司马昭故作惊讶地问道："听说你有像巢父、许由躲入箕山那样隐居终身的志向，那为何如今又出现在这里呢？"向秀回答说："巢父、许由不识时务，不理解尧帝的一番苦心，不值得效

法。"司马昭非常高兴。从此，向秀走入仕途，先后担任过散骑侍郎、黄门侍郎、散骑常侍等职。正是由于不得已而入仕，因此他也只是做了个"朝隐"之士。一个寒冷的黄昏，向秀路过曾与嵇康等人聚会的山阳旧居。伴随着远处传来的清越高远的笛子声，向秀迈着沉重的脚步慢慢地走近了曾与朋友们聚会的那片竹林。故地重游，触景生情。向秀仿佛又看到了朋友们的身影，回到住所，他满怀惆怅。写

下了《思旧赋》："……济黄河以泛舟兮，经山阳之旧居。瞻旷野之萧条兮，息余驾乎城隅。践二子之遗迹兮，历穷巷之空庐……悼嵇生之永辞兮，顾日影而弹琴。托运遇于领会兮，寄余命于寸阴。听鸣笛之慷慨兮，妙声绝而复寻。停驾言其将迈兮，遂援翰而写心。"公元272年，嵇康被杀的第十个年头，45岁的向秀在忧郁中离世。

竹林名士在个性上各具特色，但不

论哪种，都是自己选择符合自己个性生活方式，并在实践中表现出个性解放的愉快和"与物无伤"的修养。他们越礼超俗、率直任性、无拘无束的行为，看起来有点像消极颓废、玩世不恭，但就其精神而言，还是有其进步意义的。在这些任诞放达的行为举止的背后，包含了他们对时代的思索，对礼法的蔑视，对生命的享受，对自由的追求。隐逸于竹林，冶游山水，并不单纯在于欣赏自然山水之美，而是在欣赏自然山水之时，寄托自己的情感，表明他们对污浊世事的不满对功名

利禄的鄙视,以及对淡泊操守和孤高品格的珍重。沉湎于酒不是一般酒徒的贪杯,而是一种无可奈何的内心苦闷的自裁,是一种艰难处境下的世故和手段。试问题,没有酒,胸中块垒,何以浇之?没有酒,险恶社会,何以避之?

在混乱黑暗的时代,竹林七贤把"兼善天下"的进取意识深深地埋藏起来,把老庄哲学的无为、尚真与返归自然的精神发展到了极致,以至于形成了一种自由解放的新气象和不伪饰、不矫情、顺其自然的新的道德风尚。